El libro de cocina de la máquina de pan

50 recetas sencillas para principiantes para hacer pan y panecillos caseros

Jennifer Moreno

Reservados todos los derechos.

Descargo de responsabilidad

La información contenida i está destinada a servir como una colección completa de estrategias sobre las que el autor de este libro electrónico ha investigado. Los resúmenes, estrategias, consejos y trucos son solo recomendaciones del autor, y la lectura de este libro electrónico no garantiza que los resultados de uno reflejen exactamente los resultados del autor. El autor del libro electrónico ha realizado todos los esfuerzos razonables para proporcionar información actualizada y precisa a los lectores del libro electrónico. El autor y sus asociados no serán responsables de ningún error u omisión no intencional que se pueda encontrar. El material del eBook puede incluir información de terceros. Los materiales de terceros forman parte de las opiniones expresadas por sus propietarios. Como tal, el autor del libro electrónico no asume responsabilidad alguna por el material u opiniones de terceros.

El libro electrónico tiene copyright © 2021 con todos los derechos reservados. Es ilegal redistribuir, copiar o crear trabajos derivados de este libro electrónico en su totalidad o en parte. Ninguna parte de este informe puede ser reproducida o retransmitida de forma reproducida o retransmitida en cualquier forma sin el permiso expreso y firmado por escrito del autor.

TABLA DE CONTENIDO

3

INTRODUCCIÓN

El pan es un alimento tradicional y conocido que existió en nuestras latitudes mucho antes que la papa, el arroz o la pasta. Dado que el pan no solo aporta energía, sino también vitaminas, minerales y oligoelementos, el producto está predestinado como base de una dieta.

El pan como base de la dieta El pan como base de la dieta

La dieta del pan se desarrolló en 1976 en la Universidad de Giessen. Desde entonces, se han realizado una serie de modificaciones, pero solo se diferencian entre sí en matices. La base de la dieta del pan es el pan alimenticio rico en carbohidratos.

El pan se elabora a partir de cereales, por lo que el pan puede variar según el tipo y el procesamiento del grano. Los productos con un alto contenido de granos integrales se prefieren en la dieta del pan. Dichos panes se caracterizan por un alto contenido de oligoelementos y minerales, también contienen fibra. El pan blanco muy procesado no está prohibido en la dieta del pan, pero solo debe consumirse en pequeñas cantidades.

CÓMO FUNCIONA LA DIETA DEL PAN

La dieta del pan es básicamente una dieta que funciona reduciendo la ingesta de calorías. La cantidad total de energía para el día se reduce a 1200 a 1400 calorías en la dieta del pan. Con la excepción de una pequeña comida caliente hecha con productos de granos, estas calorías solo se suministran en forma de pan.

No es necesario que sea carne seca, quark bajo en grasa con hierbas o tiras de verduras. Apenas hay límites a la imaginación, lo que explica la gran cantidad de recetas para la dieta del pan. Las bebidas incluidas en la dieta del pan incluyen agua y té sin azúcar. Además, se toma una bebida de pan antes de cada comida para ayudar a la digestión y estimular el sistema inmunológico.

BENEFICIOS DE LA DIETA DEL PAN

A menos que se cometa un autoengaño al colocar los sándwiches, una ventaja de la dieta a base de pan, como ocurre con la mayoría de las dietas bajas en calorías, es el éxito rápido. Pero la dieta del pan tiene otras ventajas reales sobre otras dietas. La dieta puede diseñarse para que sea muy equilibrada, de modo que no se esperen síntomas de deficiencia.

Por lo tanto, en principio, una dieta a base de pan puede incluso llevarse a cabo durante un largo período de tiempo sin que se esperen efectos adversos para la salud. Otra ventaja es la facilidad con la que se puede realizar la dieta. La mayor parte de la comida está fría y se puede preparar. Como resultado, incluso una persona que trabaja puede llevar a cabo la dieta fácilmente comiendo el pan que ha traído en lugar de comer en la cantina.

DESVENTAJAS DE LA DIETA DEL PAN

La dieta del pan no presenta desventajas particulares derivadas de su composición. Sin embargo, si la dieta del pan solo se lleva a cabo temporalmente y luego se vuelve al estilo de vida anterior, el temido efecto yo-yo también ocurre con la dieta del pan. Durante la fase de hambre durante la dieta, la tasa metabólica basal del cuerpo disminuyó.

Por lo tanto, una vez finalizada la dieta, el aumento de peso se produce rápidamente y, por lo general, a un nivel más alto que antes del inicio de la dieta.

PAN SIN HARINA

Porciones: 1

INGREDIENTES

- 290 gramos   avena
- 270 gramos   Semillas de girasol
- 180 g   linaza
- 65 g   sésamo
- 65 g   Semillas de calabaza
- 4 cucharaditas semillas de chia
- 8 cucharadas   Cáscaras de psyllium
- 2 cucharadas de té   sal marina
- 2 cucharadas   Jarabe de agave
- 6 cucharadas   petróleo
- 700 ml Agua tibia

PREPARACIÓN

Todos los ingredientes secos se muelen en una licuadora y luego se colocan en un bol. Luego agregue los ingredientes restantes. Ahora todo está bien amasado con un procesador de alimentos hasta que se forma una masa que ya no se pega. Forre un molde para pan de 30 cm de largo con papel de hornear. Luego, rellene el "bulto" y presiónelo en el molde para pan con una cuchara.

La masa entra directamente al horno a 175 ° C. En cuanto el pan esté dorado por encima, sácalo del molde y dale la vuelta sobre el papel de horno. El pan se hornea de esta manera. El tiempo total de cocción es de unos 60 minutos. Si el pan está lo suficientemente oscuro y suena hueco cuando lo golpeas, está listo.

Consejo de Chefkoch.de: Dado que el contenido de cadmio en la linaza es relativamente alto, el Centro Federal de Nutrición recomienda no consumir más de 20 g de linaza al día. El consumo diario de pan debe dividirse en consecuencia.

PAN PEQUEÑO CON NUTY BAJO EN CARBOHIDRATOS

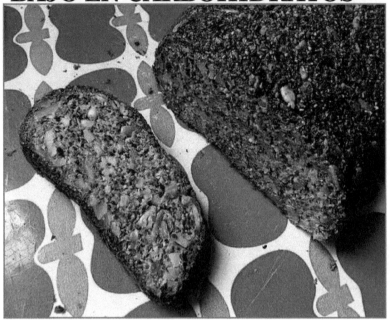

Porciones: 1

INGREDIENTES

- 50 g de pipas de girasol
- 25 g de salvado de trigo
- 25 g de harina de linaza
- 25 g de palitos de almendras o almendras picadas
- 50 g de semillas de chía
- 50 g de almendras molidas
- 250 g de queso quark bajo en grasa
- 1 cucharadita colmada   Polvo de hornear o polvo de hornear tártaro
- Huevos)
- proteína
- ½ cucharadita, trabajada   sal

PREPARACIÓN

Mezcle los ingredientes secos, luego agregue gradualmente los ingredientes restantes y amase bien para formar una masa. Calentar el horno a 200 grados. Deje que la masa se remoje en el recipiente durante unos 15 minutos, luego se solidificará.

Forme una barra de pan, colóquela en una bandeja para hornear forrada con papel de hornear, cúbrala con semillas si es necesario y presiónelas en su lugar. Hornea la masa durante unos 40 minutos a 200 grados.

Se pueden utilizar diferentes tipos de frutos secos según su gusto. El pan se mantiene fresco en el frigorífico durante al menos 1 semana. Por supuesto, sabe mejor fresco o ligeramente tostado.

PAN RÁPIDO + DELICIOSO

Porciones: 1

INGREDIENTES

- 500 g   Harina de trigo tipo 405
- 1 punto   Levadura seca
- 375 ml Agua tibia
- 3 cucharadas   yogur
- 1 cucharadita   sal
- ½ cucharadita azúcar
- 1 cucharadita de pimienta del molinillo
- 1 cucharada   Cebollino seco
- 1 cucharada   Perejil seco
- 1 cucharada   avena

PREPARACIÓN

Mezclar la harina y la levadura, añadir el azúcar, la sal, la pimienta, los copos de avena, las hierbas, el yogur y el agua y amasar todo hasta que quede suave. Deje reposar durante 5 minutos, vuelva a amasar brevemente.

Vierta la masa en un molde para pan forrado con papel de hornear y hornee en un horno no precalentado a 200 ° C durante unos 50 minutos. En los últimos 5 minutos, saca el pan de la sartén y hornéalo en la rejilla, esto también lo hará crujiente desde abajo.

¡Supi cena solo con mantequilla o untado picante!

PAN DE SEMILLAS DE CALABAZA DE STYRIAN CON ACEITE DE SEMILLAS DE CALABAZA

Porciones: 1

INGREDIENTES

- 450 g   Harina de espelta
- 1 punto   Levadura seca
- 1 cucharadita de sal
- 1 cucharadita de mezcla de especias para pan
- 2 cucharadas   Semillas de calabaza molidas
- 100 gramos   Semillas de calabaza enteras
- 350 ml Agua tibia
- 3 cucharadas   Aceite de semilla de calabaza

PREPARACIÓN

Mezcle todos los ingredientes secos. Vierta agua y aceite de semillas. Amasar hasta que la masa se desprenda del bol. Deje reposar durante unos 30 minutos.

Vierta la masa en un molde para pan engrasado que haya sido espolvoreado con semillas de calabaza molidas. Deje reposar por otros 30 minutos.

Cepille con agua. Poner en el horno precalentado a 220 grados. Coloque un recipiente con agua en el horno. Vuelva a cambiar a 180 grados después de 10 minutos. Y hornee por un total de una hora.

Después del tiempo de horneado, haga la "prueba de golpe", si el pan suena hueco, está completamente horneado. Desmoldar, untar el pan con una mezcla de una cucharadita de aceite de semillas y una cucharada de agua caliente y dejar enfriar.

PATATA DE OTOÑO DE EICHKATZERL - NOGAL - PAN

Porciones: 1

INGREDIENTES

- 250 g Masa madre (masa madre de centeno madura)
- 250 g Harina (harina de trigo integral)
- 250 g Harina de trigo, tipo 1050
- 10 g Levadura fresca
- 500 ml Agua tibia
- 330 gramos Harina, (harina de centeno integral)
- 20 g sal
- 1 cucharada cariño
- 1 m. De grande Patata (s), cocción harinosa
- 100 gramos Nueces, picadas

PREPARACIÓN

Mezclar la harina integral, la harina de trigo, la levadura y toda el agua en una masa previa (bastante líquida y blanda). Deje reposar aprox. 2 horas a temperatura ambiente.

Hervir las patatas, pelarlas calientes y triturarlas con un machacador de patatas (o una prensa). Deje enfriar un poco.

Hacer una masa con la masa madre, la masa previa, la harina de centeno, la sal, la miel y el puré de patatas. Finalmente amase las nueces.

La masa es firme pero muy pegajosa. ¡No agregue más harina!

Deje reposar durante 30 minutos.

Amasar nuevamente la masa, redondearla y colocarla en un cesto de fermentación enharinado. Deje reposar durante aproximadamente 1 hora.

Precalienta el horno a 250 ° C (calor superior / inferior).

Vierta el pan en el horno caliente (preferiblemente sobre una piedra para hornear, pero también es posible una bandeja para hornear caliente).

Tiempo de horneado: 15 minutos a 250 ° C o hasta obtener el bronceado deseado.

logrado. Tiempo de horneado: 45 minutos a 200-180 ° C, bajando. Suficiente vapor para

los primeros 15 minutos (aproximadamente 3 veces enérgicamente).

Hago esto con un rociador de flores (boquilla ajustada para empañar). Simplemente abra el horno un poco, rocíe vigorosamente (unas cuantas veces) contra las paredes del horno (no sobre el pan) y vuelva a cerrar la puerta del horno. Repite 2-3 veces.

Al final del tiempo de cocción, abra brevemente la puerta del horno y deje salir el vapor. Hornee como se describe.

PAN BAJO EN CARBUROS

Porciones: 1

INGREDIENTES

- 50 g de pipas de girasol
- 250 g de queso quark bajo en grasa
- 50 g de semillas de lino trituradas
- 50 g de salvado de trigo
- 50 g de harina de soja
- 1 cucharadita sal
- ½ paquete   Levadura en polvo
- 2 huevos)
- 2 cucharadas de té   Leche

PREPARACIÓN

Precaliente el horno a 200 grados de temperatura superior / inferior.

Amasar bien los ingredientes, dejar subir la masa unos 20 minutos para que la linaza se hinche un poco.

Hornea el pan durante 40 minutos.

OKARA JUGOSO - LINAZA - PAN

Porciones: 1

INGREDIENTES

- 1 cucharada   petróleo
- 1 cucharadita vinagre
- 1 paquete   Levadura seca
- 50 gramos   linaza
- 450 g   Harina
- 150 g   Okara
- Algo Leche de soja (bebida de soja), (bebida de soja)
- 1 cucharadita de sal
- 1 cucharadita de azucar

PREPARACIÓN

En la panificadora: agregue todos los ingredientes y seleccione el programa normal (aprox. 3 horas). Posiblemente agregue bebida de soja si la masa se seca demasiado.

Método convencional: amasar todos los ingredientes. La masa queda muy pegajosa y blanda. Dejar reposar en un lugar cálido durante aproximadamente 1 hora. Hornee en un horno precalentado a 180 ° C durante unos 55 minutos.

Nota: El pan se colapsa un poco después de horneado. En total contiene aprox. 2140 kcal, 82 g de proteína, 38 g de grasa y 364 g de carbohidratos.

Okara es un subproducto de la producción de leche de soja o tofu.

HECHIZO - MARIPOSA - PAN

INGREDIENTES

- 500 g   Harina de espelta
- 500 g   Harina de espelta
- 2 cucharadas   sal
- 1 cucharadita   azúcar
- 1 paquete   levadura
- 850 ml Suero de la leche

PREPARACIÓN

Tiempo total aprox. 1 hora 15 minutos

Mezcle la levadura y el azúcar en una taza con suero de leche tibio. Tamizar las dos harinas en un bol, hacer un pozo y añadir la levadura disuelta. Mezcle con un poco de harina y agregue gradualmente el suero de leche restante y la sal.

Amasar bien la masa y dejar reposar durante una hora hasta que la masa se haya doblado.

Amasar de nuevo y dar forma a una hogaza de pan. Deje reposar durante 15 minutos y coloque en una bandeja engrasada. (Por supuesto, también puede usar un molde para pan).

a 220 grados durante 50 minutos.

¡También se pueden agregar granos!

¡Pan realmente delicioso y sobre todo saludable!

Pan naan esponjoso

Porciones: 4

INGREDIENTES

- 260 gramos   Harina
- 100 ml Leche tibia
- 120 g   Yogur natural
- 1 cucharadita de azucar
- ½ cucharadita sal
- 1 cucharadita de levadura seca
- ¼ de cucharadita   Levadura en polvo
- 1 cucharadita de aceite
- 3 dientes de ajo, picados
- 40 g de mantequilla derretida
- norte. B. Cilantro o cebollas recién picadas

PREPARACIÓN

Tiempo total aprox. 1 hora 45 minutos

Mezclar 200 g de harina con la sal, el azúcar, el polvo de hornear y la levadura, luego agregar el yogur y volver a mezclar. Agrega gradualmente la leche tibia mientras amasas y luego amasa con el resto de la harina hasta que tengas una masa suave, ya no pegajosa. Tape y deje que la masa suba durante al menos 1 hora, luego engrase un poco sus manos y vuelva a amasar la masa brevemente.

Dividir la masa en 4 trozos, separarlos sobre una superficie enharinada y aplanarlos en tortas planas (no extender). Unte el ajo picado y posiblemente algunas cebollas y / o cilantro por encima.

Dorar el fondo de los panes planos vigorosamente en una sartén (con recubrimiento antiadherente) sin aceite y luego hornear los panes planos a 200 ° C durante 2-5 minutos hasta que la superficie esté ligeramente dorada. Finalmente, distribuya la mantequilla sobre el pan naan terminado y sirva.

PAN INTEGRAL DE TRIGO CON LEVADURA

Porciones: 1

INGREDIENTES

- 700 g Agua fría
- 10 g de levadura fresca
- 15 g de sal
- 1000 g Harina, harina de trigo integral (recién isuelo!)

PREPARACIÓN

. ¡Por favor, haga que el cuenco de trabajo sea lo suficientemente grande!

Paso 1: Pesar 350 g de agua fría del grifo en el bol (para ser más precisos), desmenuzar la levadura, dejar que se disuelva bien, agregar 250 g de harina integral, mezclar todo bien (se puede remover como masa para panqueques). Cubra bien el recipiente de trabajo y déjelo reposar a temperatura ambiente durante unos 45-60 minutos.

2ª etapa: Refresque la masa (es decir, dé a las levaduras y otros organismos pequeños "¡nuevo alimento"!): Agregue 350 g de agua a la masa fermentada, mezcle bien y agregue 250 g de harina integral. Vuelva a tapar bien el bol y déjelo crecer de nuevo durante 45-60 minutos.

Tercera etapa: Agregue la sal a la masa que ahora fermenta vigorosamente y revuelva, amase bien los 500 g restantes de harina integral. Amasar esta masa principal un poco más hasta que se forme una masa suave y elástica, que, por así decirlo, limpia su propio cuenco. Si la masa se le pega a las manos, humedezca su mano con agua y continúe amasando.

Deje reposar la masa durante aprox. 20 minutos, cubrir bien en el bol. A continuación, poner la masa en un molde para pan grande para obtener un pan de 1.500 g o dar forma a 2 panes del mismo tamaño con las manos mojadas y dejar reposar bien tapado sobre la bandeja del horno durante unos 10 minutos.

Precalentar el horno a 250 ° C a su debido tiempo; ponga un recipiente con agua caliente en el fondo de la estufa; Un fuerte desarrollo de vapor al comienzo del proceso de horneado es beneficioso para que el pan se dore y se levante bien.

Hornear: Aprox. 15-20 minutos a 250 ° C con vapor, aprox. 20-30 minutos a 200 ° C sin vapor (¡quitar el cuenco de agua!). No se puede prever el tiempo de horneado exacto porque los hornos funcionan de manera diferente y el tiempo de horneado depende directamente del tamaño de los productos horneados. Por lo tanto, debe hacer una prueba de golpes hacia el final, es decir, golpear el fondo del pan, si suena hueco, está hecho.

PAN BAJO EN CARBUROS

Porciones: 1

INGREDIENTES

- 150 g   quark bajo en grasa
- 4 huevos)
- 50 g de almendra (s), molida
- 50 gramos   Semillas de lino, trituradas
- 2 cucharadas   Bran (salvado de trigo)
- ½ paquete   Levadura en polvo
- ½ cucharadita sal
- Grasa para la forma

PREPARACIÓN

Mezclar todos los ingredientes, colocar en un molde para pan ligeramente engrasado y dejar reposar durante cinco minutos. Precalienta el horno a 170 ° C durante 15 minutos y luego hornea todo durante una hora en la rejilla del medio.

El pan, por supuesto, no es comparable al pan "normal", pero es bajo en calorías y carbohidratos y muy sabroso. Sabe particularmente bien cuando vuelve a poner las rebanadas en la tostadora.

PAN BAJO EN CARBUROS - PAN DE PROTEÍNA

Porciones: 1

INGREDIENTES

- 4 huevos)
- 250 g   Cuajada magra, seca
- 50 gramos   Almendra (s), molida
- 1 paquete   Levadura en polvo
- 50 gramos   Semillas de lino, trituradas
- 25 g   Bran (salvado de trigo)
- 50 gramos   Harina de soja
- 50 gramos   Bran (salvado de avena)
- 1 cucharadita   sal
- 2 cucharadas de té   Carvi
- Especias o mezclas de especias de su elección
- 20 g   Semillas de girasol para rociar

PREPARACIÓN

Mezcle todos los ingredientes con una batidora de mano. Luego, haga panecillos y espolvoree con semillas de girasol o coloque la masa en un molde para pan forrado con papel de hornear y espolvoree con semillas de girasol. Hornee los panecillos durante 30 minutos y el pan durante 60 minutos a 180 ° C.

PAN KETO AL MICROONDAS

Porciones: 1

INGREDIENTES

- 10 g   manteca
- Huevos)
- ½ cucharadita Levadura en polvo
- 30 g   Harina de almendra

PREPARACIÓN

Licuar brevemente la mantequilla en el microondas. Coloque todos los ingredientes en una taza de café estándar y revuelva bien. Asegúrate de que la masa esté suave y que realmente no queden grumos (esto provoca la formación de burbujas en el pan y termina con agujeros).

Ahora mete la taza en el microondas durante 90 segundos a máxima potencia. Si la masa todavía está ligeramente húmeda (posiblemente con 600 vatios), simplemente continúe cocinando en pasos de 10 segundos hasta que esté firme.

Incline la taza hacia afuera inmediatamente después de cocinar.

Consejos: si lo desea, puede hornear brevemente el pan enfriado en la tostadora.

O si lo desea, puede probar la receta básica con stevia y / o gotas de cacao y obtener un pastel dulce. También muy recomendable con vainilla y stevia.

PAN DE CALABACINES PARA EL PANADERO

Porciones: 1

INGREDIENTES

- 50 ml Agua fría
- 500 g Harina, tipo 550
- 300 g Calabacín rallado
- 2 cucharadas de té   sal
- 1 cucharadita de azucar
- 1 pizca (s) de pimienta de Cayena, solo un toque
- ¾ bolsa / s Levadura seca
- 1 cucharadita Agregue aceite de oliva durante el primer proceso de amasado
- 1 cucharadita Unte aceite de oliva sobre el pan, que aún está tibio

PREPARACIÓN

Es imprescindible poner los ingredientes en el recipiente de la panificadora en el orden indicado. No deje reposar los trozos de calabacín, póngalos en la máquina inmediatamente, de lo contrario sacarán jugo.

PAN DE PATATAS DULCES Y PASAS

Porciones: 1

INGREDIENTES

- 350 g   Harina
- 2 cucharaditas de polvo de hornear
- ½ cucharadita sal
- 1 cucharadita de canela
- ½ cucharadita nuez moscada
- 500 g   Batata
- 100 gramos   Azúcar moreno
- 120 g   manteca
- 3 huevos)
- 100 gramos   Pasas

PREPARACIÓN

Pelar y cortar en dados los boniatos y cocinar en agua con un poco de sal durante aprox. 10-15 minutos hasta que esté suave. Escurrir en un colador.

Precaliente el horno a 180 grados (convección 160 grados) y engrase un molde para pan con una capacidad de aprox. 1 litro.

Tamizar la harina, la sal, el polvo de hornear, la canela y la nuez moscada en un bol. Mezcle las batatas blandas junto con el azúcar morena, la mantequilla y los huevos en otro recipiente con la batidora de mano. Agregue la mezcla de harina y las pasas y revuelva con una cuchara de madera hasta que la harina esté espesa.

Vierta la masa en el molde para pan preparado y hornee el pan en el horno durante 60 a 75 minutos. (¡Prueba de palo de madera!)

Deje que la lata se enfríe sobre una rejilla durante unos 15 minutos, luego retire con cuidado el pan y colóquelo en la rejilla para que se enfríe.

El pan de boniato y pasas sabe mejor cuando está tibio, untado con un poco de mantequilla. El éxito absoluto para un abundante desayuno dominical con la familia.

PAN DE 5 MINUTOS

Porciones: 1

INGREDIENTES

- 200 g   Harina (harina de trigo)
- 200 g   Harina (harina de centeno)
- 50 gramos   avena
- 100 gramos   Granos (semillas de girasol, semillas de lino, sésamo, etc.)
- 1 cucharadita   sal
- 1 cucharada   azúcar
- 1 paquete   Levadura (levadura seca)
- 350 ml Agua tibia
- Grasa para el molde para hornear

PREPARACIÓN

Ponga todos los ingredientes excepto el agua en un recipiente y mezcle brevemente. Ahora agregue el agua y revuelva durante 3 minutos con la batidora de mano (gancho para masa) en el nivel más alto. Engrase un molde para pan y agregue la masa. Alisar la superficie de la masa en el molde, espolvorear con algunos granos si es necesario y cortar a lo largo aprox. 1 cm.

Coloque en el estante del medio en el horno no (!) Precalentado, póngalo a 190 ° C con calor superior e inferior y hornee el pan durante 60 minutos.

Cuando el pan está frío, puede caerse de la bandeja para hornear.

BRILLO MÁGICO PARA EL PAN

Porciones: 1

INGREDIENTES

- 200 ml agua
- 1 cucharada   almidón alimenticio
- 1 cucharada   sal

PREPARACIÓN

Con este agente, los panes adquieren su brillo especial. Parece barro, por eso también lo llamo con cariño barro mágico.

Pongo esta receta aquí porque me preguntan sobre ella con mucha frecuencia. Mi pan se recubre con él después de hornear (15 minutos para mí) y luego nuevamente durante 15 minutos antes de que el pan esté terminado. En mi álbum de fotos puedes ver los panes que han sido recubiertos con él, aquí especialmente el pan de trigo de Delphinella y mi pan de centeno doble horneado, lo puedes reconocer particularmente bien en estos panes.

Mezclar bien todos los ingredientes para que no queden grumos. Lleva todo a ebullición una vez, déjalo enfriar y viértelo en un frasco.

Como horneo casi todos los días, un vaso como este dura unos 10 días en el frigorífico.

PAN DE CENTENO CON SÉSAMO

Porciones: 1

INGREDIENTES

Para la masa madre:

- 25 g   De masa fermentada
- 110 g   Harina de centeno integral
- 200 ml Agua (tibia)
- Para la masa:
- 400 g   Harina de trigo tipo 550
- 600 gramos   Harina de centeno integral
- 60 g   cariño
- 40 g   Semillas de girasol
- 20 g   sésamo
- 20 g   sal
- 700 ml Agua (tibia)

- Semillas de sésamo para espolvorear
- Grasa para la forma

PREPARACIÓN

Para la masa madre, mezcle la base, la harina y el agua en un bol. Tapar y dejar reposar a temperatura ambiente durante unas 12 horas hasta que la masa madre forme burbujas.

Retire 25 g de la masa madre, llénelos en un frasco con tapa de rosca y guárdelos en el refrigerador para el día siguiente de horneado.

Para la masa, mezcle el resto de la masa madre, ambos tipos de harina, miel, semillas de girasol, semillas de sésamo, sal y el agua en un bol a mano o en el procesador de alimentos (nivel más bajo) durante cinco minutos.

Engrase dos moldes de pan de 1 kg y espolvoree generosamente con semillas de sésamo. Luego vierta aprox. 1070 g de masa en cada molde para hornear. Presione con las manos mojadas y luego espolvoree la superficie con semillas de sésamo. Tapar y dejar reposar a temperatura ambiente de 6 a 8 horas hasta que la masa haya aumentado de volumen.

Precaliente el horno a 250 ° C de temperatura superior / inferior, incluida la rejilla para hornear, al menos 30 minutos antes de hornear.

Use una botella de spray para rociar el pan en la superficie con agua nuevamente antes de hornear.

Antes de que los panes entren en el horno, baje la temperatura a 200 ° C. Luego hornee el pan en la segunda parrilla desde abajo durante unos 60 minutos. Si lo desea, puede retirar el pan del molde 10 minutos antes de que finalice la cocción y hornearlo sobre la rejilla.

Después de hornear, rocíe todo el pan con la botella rociadora y envuélvalo en una toalla. Deje enfriar completamente.

PAN DE BERLÍN

Porciones: 1

INGREDIENTES

- 100 gramos   Avellanas enteras
- 100 gramos   Almendra (s), enteras, sin pelar
- 500 g   Harina
- 500 g   azúcar
- 3 cucharadas   Polvo de cacao
- 2 cucharadas de té   canela
- 1 cucharadita de clavo (s) molido
- 1 cucharada   Levadura en polvo
- 2 cucharadas   crema agria
- Cuarto Huevos)
- 100 gramos   azúcar en polvo
- 1 ½ cucharada de agua caliente

PREPARACIÓN

Cortar las avellanas y las almendras en trozos grandes. Ponga la harina en un tazón grande para mezclar, haga un hueco en el medio. Unte las nueces, el azúcar, el cacao, la canela, el clavo y la levadura en polvo en el borde. Ponga la crema agria y los huevos en el medio. Amasar la masa. Extienda sobre una bandeja para hornear engrasada.

Hornee a 200 º C durante 20-30 minutos.

Mientras tanto, mezcle un glaseado suave con el azúcar en polvo y el agua. Después de hornear, untar el pan de Berlín con glaseado mientras aún esté caliente y cortar en trozos de 2x5cm.

PAN BAJO EN CARBOHIDRATOS

Porciones: 1

INGREDIENTES

- 60 g   Salvado de trigo
- 60 g   Semillas de lino, trituradas
- 120 g   Salvado de avena
- 3 huevos)
- 2 cucharadas   agua
- 1 cucharadita de mezcla de especias para pan
- ½ cucharadita sal

PREPARACIÓN

Mezcle todos los ingredientes y déjelo en remojo durante 10 minutos. Luego colóquelo en un pedazo grande de film transparente y envuélvalo en un rollo apretado. Cierre la película adhesiva con fuerza en los extremos. Ahora envuelva todo bien en papel de aluminio y cocine a fuego lento en agua caliente durante unos 30 minutos.

Por supuesto, puede incorporar otras hierbas o especias a la mezcla como desee.

Consejo de Chefkoch.de: Dado que el contenido de cadmio en la linaza es relativamente alto, el Centro Federal de Nutrición recomienda no consumir más de 20 g de linaza al día. El consumo diario de pan debe dividirse en consecuencia.

GIRASOLES - GRANOS - PAN

INGREDIENTES

- 100 gramos   Semillas de girasol
- 50 gramos   linaza
- 50 gramos   Avena (desnuda o descascarado)
- 50 gramos   mijo
- 50 gramos   Alforfón
- 500 ml Agua hirviendo
- 250 g   Harina (harina de trigo tipo 405)
- 250 g   Harina (harina de trigo integral)
- 1 cubo levadura
- 2 cucharadas de té   Miel, liquida
- 2 cucharadas de té   sal marina

PREPARACIÓN

Ase las semillas de girasol en una sartén pesada y seca, dándoles la vuelta varias veces hasta que huelan bien.

Verter el agua hirviendo sobre la linaza, la avena, el mijo y el trigo sarraceno, remover y dejar en remojo durante 1 hora aproximadamente, tapado.

Mezclar las harinas en un tazón grande, desmenuzar la levadura por un lado en el borde del tazón, distribuir la miel sobre la levadura. Vierta la linaza tibia hinchada con el líquido encima y mezcle con la levadura, la miel y un poco de harina.

Cubra el recipiente con un paño y colóquelo en un lugar cálido durante unos 15 minutos. A continuación, amasar el resto de la harina y la sal y las semillas de girasol tostadas en la masa previa utilizando el gancho para masa de una batidora de mano o un procesador de alimentos. Tapar y dejar reposar la masa durante unos 15 minutos. Engrasa la forma.

Amasar la masa de nuevo a fondo hasta que esté suave y se separe del borde del bol. Vierta la masa en el molde con una espátula y alise. Cubrir con un paño y dejar reposar en un lugar cálido durante otros 15 minutos hasta que la masa haya aumentado de volumen en aproximadamente un tercio.

Luego, posiblemente haga una muesca en la superficie en ángulo con un cuchillo. Rocíe el fondo y las paredes laterales del horno frío con agua o limpie brevemente con un paño húmedo. Hornee el pan en el horno (abajo) a 200 ° C durante aproximadamente 1 hora hasta que esté dorado. Luego déjelo reposar en el horno apagado durante unos 10 minutos.

Sacar el pan del horno y con cuidado del molde, rociar o cepillar con agua fría por todos lados. Hornee nuevamente en el horno (abajo) en la parrilla sin la sartén durante 10-15 minutos a 200 ° C.

Luego rocíe o cepille con agua.

PAN DE PANINI

Porciones: 1

INGREDIENTES

- 340 g Harina
- 250 ml Agua tibia
- 20 ml petróleo
- 5 g   Levadura seca
- 0,67 cucharadas de azúcar
- 0,33 cucharadas de sal

PREPARACIÓN

Mezcle la harina, el azúcar, la sal y la levadura seca. Agrega el agua y el aceite. Amasar y, si es necesario, añadir más harina hasta que la masa quede ligeramente pegajosa.

Saque la masa del bol, agregue unas gotas de aceite al bol y enrolle la masa hasta cubrirla por completo. Deje reposar bajo un paño húmedo durante unos 45 minutos.

Dividir la masa en 4 trozos y formar panes largos. Deje reposar debajo del paño durante otros 30 minutos.

Precaliente el horno a 200 ° C de aire asistido.

Hornee el pan durante 12 a 15 minutos, dependiendo del grado de tueste deseado, en una bandeja para hornear forrada con papel de hornear en el estante del medio.

Luego, unta el pan aún caliente con leche. Esto mantiene la corteza agradable y suave y es ideal para asar a la parrilla.

PAN CON MASA MADURA

Porciones: 1

INGREDIENTES

- 250 g Harina de centeno integral
- 250 g Harina de espelta integral
- 320 ml Suero, natural, tibio
- 150 g de masa fermentada
- 1 cucharada sal
- 20 g Levadura fresca
- 1 cucharadita Carvi
- 1 cucharadita cilantro
- 1 cucharadita hinojo
- 1 cucharadita anís
- norte. B. Nueces, enteras
- norte. B. Semillas de girasol

PREPARACIÓN

Desmenuza la levadura fresca en el suero tibio y revuelve. Triturar semillas de alcaravea, anís, cilantro e hinojo en un mortero o triturar finamente en un molinillo. Coloque todos los ingredientes (incluidas las nueces y las semillas de girasol como desee) en una máquina amasadora y trabaje en la posición más baja durante unos 10 minutos para formar una masa.

Luego ponga la masa en una canasta o bol, cubra con un paño de cocina y deje reposar en un lugar cálido durante aproximadamente 1 hora hasta que la masa haya subido bien.

Precalienta el horno a 250 ° C y coloca un bol pequeño de agua en el piso del horno. Saque la masa de la canasta de cocción y hornee en una piedra de arcilla refractaria o una rejilla central de una bandeja para hornear, calor superior / inferior, durante 10 minutos a 250 ° C, luego reduzca la temperatura a 210 ° C y hornee durante unos 50 minutos.

PAN DE CÁÑAMO DELETEADO

:

Porciones: 1

INGREDIENTES

- 200 g   Harina de espelta (integral)
- 250 g   Harina de espelta, 1050
- 150 g   Harina de centeno, 1150
- 60 g   Semillas de cáñamo, molidas
- 80 g   Semillas de cáñamo peladas
- 1 cucharada   sal
- 1 cubo Levadura fresca
- 100 gramos   quark bajo en grasa
- 375 ml agua

PREPARACIÓN

Disuelva la levadura en agua tibia. Mezcle todos los ingredientes secos. Mezclar muy lentamente con el quark y el agua de levadura durante 10 minutos con un gancho amasador y tapar en un lugar cálido y dejar reposar durante 45 minutos. La masa queda un poco pegajosa.

Espolvorear un poco de harina sobre una superficie de trabajo y volver a amasar bien la masa con la mano, poner en un molde para pan engrasado y dejar reposar otros 30 minutos. Corta 3 veces con el cuchillo.

Ponga un recipiente con agua en el horno y hornee en la estufa precalentada a O / U 250 ° en la segunda rejilla desde abajo durante 15 minutos, baje a 190 ° y hornee por otros 35 minutos.

PFANNENBÖREK DE 5 MINUTOS CON PAN LAVASH

Porciones: 1

INGREDIENTES \

Para el llenado:

- 200 g   Queso de oveja
- ½ traste   Perejil, fresco
- Para la salsa:
- 200 ml Leche
- 50 ml   petróleo
- Huevos)
- norte. B. sal y pimienta
- norte. B. Pul castor

También:

- 4 tortilla (s) (panes Lavash)

PREPARACIÓN

Triturar el queso de oveja con un tenedor, picar el perejil y mezclar con el queso.

Mezcle todos los ingredientes para la salsa.

Unte una sartén antiadherente con margarina, vierta encima pan lavash y unte generosamente con la salsa. Vierta el segundo pan Lavash sobre él, vuelva a cepillar la salsa y extienda el relleno por encima. Pon otro pan lavash sobre el relleno, esparce la salsa y vierte el último pan encima, unta generosamente con la salsa y deja reposar en la sartén durante unos 10-15 minutos.

Finalmente, encienda la estufa, hornee el Börek por ambos lados a fuego lento y unte con mantequilla.

PAN DE CORTEZA DE YOGUR

Porciones: 1

INGREDIENTES

- 240 gramos   agua
- 10 g   levadura
- 350 g   Harina de trigo tipo 550
- 150 g   Harina de centeno tipo 1150
- 100 gramos   yogur
- 2 cucharadas de té   sal
- 1 cucharadita   cariño
- 1 cucharadita   Malta horneada o caro cafe
- 2 cucharadas   Vinagre balsámico, más blanco

PREPARACIÓN

Disuelva la levadura en agua tibia. Agregue los ingredientes restantes a la mezcla de agua y levadura y amase hasta obtener una masa suave con la batidora de mano.

Espolvoree la masa con harina y déjela reposar durante aproximadamente 1 1/2 horas.

Engrase el molde para pan y agregue la masa. Espolvorear nuevamente con harina y tapar. Pon la bandeja para hornear en el horno frío. Hornee durante unos 10 minutos a 240 grados. Luego, corte la parte superior del pan y hornee por otros 40-50 minutos.

Cuando se acabe el tiempo de cocción, retire la tapa, apague el horno y dore el pan en el horno.

PAN DE NOGAL Y ZANAHORIA

Porciones: 1

INGREDIENTES

- 400 g   Harina de trigo (integral)
- 100 gramos   Harina de centeno (grano entero)
- 150 g   de masa fermentada
- 8 g   Levadura fresca
- 1 cucharada   Aceite (aceite de nuez)
- 150 g   Zanahoria (s), finamente picada
- 1 cucharada   Sal sazonada
- 1 cucharadita, nivelada   Mezcla de especias para pan, molida
- 1 pizca Trébol en mal estado, suelo
- 300 ml Agua tibia
- 75 g   Nueces, picadas

PREPARACIÓN

Amasar bien todos los ingredientes (excepto las nueces) con aprox. 200 ml de agua. Continúe agregando suficiente agua gradualmente hasta que se forme una masa elástica. Finalmente amase las nueces sin apretar.

Tapar y dejar reposar la masa aprox. 2 horas.

Dividir la masa por la mitad y volver a amasar sobre una superficie enharinada.

Colocar las dos piezas de masa en cestas de fermentación enharinadas (Simperl) y dejar reposar aprox. 1 hora.

Precalienta el horno a 240 ° C.

Coloque un recipiente resistente al calor con agua caliente en el tubo.

Coloca el pan en el horno, vuelve a rociar con agua y hornea a 240 ° C durante 10 minutos.

Luego reduzca la temperatura a 180 ° C. Hornee por otros 30 minutos (prueba de golpe).

Espolvorear el pan con agua y hornear durante 5 minutos en el horno apagado.

PAN BAJO EN CARBOHIDRATOS - LOCA RENE

Porciones: 1

INGREDIENTES

- 500 g Quark, 20% de grasa
- 2 cucharadas de té   sal
- Sexto Huevos)
- 4 cucharadas Semillas de lino, trituradas
- 1 cucharada Almendras picadas
- 1 cucharada Avellanas picadas
- 4 cucharadas Semillas de girasol
- 50 gramos Salvado de trigo
- 125 g Salvado de avena
- 100 gramos Cáscaras de psyllium
- 1 paquete Levadura en polvo

PREPARACIÓN

Mezcle todos los ingredientes en un tazón y revuelva con una batidora de mano y un gancho para masa.

Precaliente el horno a 200 ° C de temperatura superior / inferior.

Después de mezclar, humedezca sus manos y forme una masa con la masa de pan. La adición de cáscaras de psyllium le da al pan una consistencia deliberadamente firme. Humedezca sus manos nuevamente según sea necesario.

Luego forre la bandeja para hornear con papel pergamino, dé forma a la masa de pan en forma de pan y corte un largo de aprox. 0,5 cm con un cuchillo. Mete el pan al horno y hornea por 60 minutos.

Luego deje que el pan se enfríe y guárdelo en la caja de pan.

Nota: En la caja de pan, el pan se enfría fácilmente durante cinco días y no se endurece, por lo que no es necesario refrigerarlo.

PAN DE MOZZARELLA DE AJO

Porciones: 1

INGREDIENTES

- 360 g   Harina
- 220 ml Agua tibia
- ½ cubo   Levadura fresca
- 2 cucharadas   petróleo
- 1 cucharadita de sal
- 1 cucharadita de azucar
- 35 g   Mantequilla blanda
- 3 dientes de ajo)
- 1 puñado de cebolletas
- 1 bola   Queso Mozzarella
- 1 pizca (s) de sal
- 1 pizca (s) de pimienta

PREPARACIÓN

Disuelva la levadura y el azúcar en el agua tibia y agregue a la harina. Agrega el aceite y la sal y amasa todo con una batidora durante unos 10 minutos hasta que se forme una masa suave. Poner la masa en un bol engrasado y tapar y dejar reposar durante unos 40 minutos.

Luego coloca la masa en una bandeja para hornear forrada con papel de hornear, presiona un poco hacia abajo y tápala y déjala reposar por otros 15 minutos.

Mientras tanto, prepare la mantequilla de ajo. Para hacer esto, mezcle la mantequilla, el ajo finamente picado o prensado, el cebollino y la sal y pimienta.

Ahora corte la masa varias veces con un cuchillo y luego unte con la mantequilla de ajo. Corta la bola de mozzarella en tiras y rellena las incisiones.

Hornee en la rejilla del medio en el horno precalentado a 220 grados de temperatura superior / inferior durante aprox. 15-20 minutos

PAN MALLA O ROLLOS

Porciones: 1

INGREDIENTES

- 750 g   Harina de trigo (tipo 550)
- 250 g   Harina de centeno (tipo 1000)
- 750 ml Agua tibia
- 15 g   sal
- 20 g   Levadura fresca
- 1 cucharadita   azúcar

PREPARACIÓN

Mezclar el agua con el azúcar y la levadura y dejar reposar un poco (aprox. 5 - 10 minutos). Mezclar la harina y la sal. Luego mezcle con la mezcla de agua y levadura para formar una masa suave. Deje que la masa suba durante 2 horas después de amasar.

Cubra una bandeja para hornear con papel pergamino. Divide la masa por la mitad. Humedezca siempre sus manos. Dobla siempre la masa hacia abajo para obtener una superficie lisa. Colocar en la bandeja de horno y volver a frotar la superficie con la mano húmeda. Si lo desea, también puede formar rollos con la masa.

Precalienta el horno a 250-300 ° C. Hornea el pan durante unos 5 minutos a fuego alto. Luego baje la temperatura a 200 ° C y abra un poco la puerta del horno (sujete una cuchara de madera o similar en el medio). Hornea por 35 minutos.

Luego, vuelva a cepillar el pan con agua y hornee por otros 20 minutos con la puerta del horno cerrada. El tiempo de horneado se reduce significativamente para los panecillos porque son más cortos.

ZANAHORIAS - CALABACINES - PAN

Porciones: 1

INGREDIENTES

- 12 g de levadura (1/4 cubo)
- 7 g   Sal, posiblemente más
- 2 cucharadas de té   cariño
- 1 m. De calabacín grande
- 2 zanahorias
- 1 cucharada   Hierbas (congeladas)
- 1 cucharadita Vinagre (vinagre de sidra de manzana)
- 2 cucharadas yogur
- 300 g Harina, variedad de su elección, posiblemente más
- 1 cucharadita Goma de algarrobo o maicena

- 1 cucharada   avena
- 1 cucharada   Semillas de girasol
- 1 cucharadita de linaza
- norte. B. Semillas de girasol para rociar
- norte. B. Alforfón para espolvorear u otros granos
- Posiblemente. pimienta
- norte. B.   agua

\PREPARACIÓN

Escaldar las hojuelas de avena, las pipas de girasol, la linaza y 1 cucharadita de miel con agua caliente para que la mezcla quede apenas cubierta con agua y dejar reposar tapado durante 3 horas. Disuelva la levadura con sal y 1 cucharadita de miel.

Limpiar las zanahorias y los calabacines y rallarlos finamente con una cortadora, preferiblemente en un tazón grande. Mezcle la mezcla de verduras con 1 cucharadita de yogur, vinagre y las hierbas, agregue sal al gusto (a veces agrego un poco de pimienta) y agregue la mezcla de granos.

Ahora coloque el bol en una balanza y agregue 300 g de harina. Vierta goma de algarrobo encima y mezcle aproximadamente la capa de harina. Ahora se vierte la mezcla de levadura mezclada con una cucharada de agua fría y todo se mezcla con una cuchara. Incorpora la harina hasta que la masa se pueda amasar a mano sin que se pegue mucho a los dedos. (Depende de la harina que uses). Cubre esta masa con film transparente y déjala reposar durante 30 minutos.

Luego triturar y colocar en una bandeja para hornear forrada con papel de hornear. Lo mejor es dejar que suba en el horno cerrado con un cuenco de agua humeante en el fondo del horno, también cubierto con film transparente.

Retirar a los 45 minutos y precalentar el horno a 230 ° (el agua se queda en el horno). Mezclar el resto del yogur con un chorrito de agua y esparcirlo sobre la masa. Espolvoree como desee y deslice en el horno. Después de 10 a 15 minutos, humedezca con agua (rocíe con un rociador de flores) y baje a 200 °. Termine de hornear hasta que suene hueco cuando golpee la parte inferior del pan.

Durante el tiempo de horneado, cocino la masa al vapor cada 15 minutos. Es (para mí, pero depende del horno) en promedio durante 75 minutos en el horno, y quien quiera puede cubrirlo con papel de hornear poco antes de que alcance el grado de dorado deseado.

Para obtener una corteza brillante, el pan se vuelve a cocinar al vapor con agua tan pronto como se saca.

PAN DE CENTENO CON ZANAHORIAS

Porciones: 1

INGREDIENTES

- 400 g Harina de espelta integral
- 200 g harina de centeno
- 1 cubo levadura
- 3 cucharaditas, tejer. sal
- 500 ml Suero de leche, tibio
- 2 cucharadas Vinagre balsámico
- 50 ml agua
- 70 g Semillas de girasol
- 30 g Semillas de calabaza
- 50 gramos linaza
- 4 cucharadas semillas de chia
- 200 g Zanahoria

- 1 puñado de avena

PREPARACIÓN

Precalienta el horno a 220 grados. Engrasar un molde para pan L30 B12, H10 y espolvorear con copos de avena.

Pica las zanahorias en trozos muy pequeños. Vierta el suero de leche tibio (aprox. 35 °) sobre las zanahorias.

Vierta la levadura desmenuzada y revuelva con la batidora de mano a velocidad 1 durante tres minutos. Agrega el resto de los ingredientes, excepto los copos de avena, y amasa con el gancho amasador durante 4 minutos.

Vierta la masa en el molde para pan, distribúyala uniformemente y cepille con un poco de agua. Unte la avena restante encima.

Hornea el pan a 220 ° C durante los primeros 30 minutos. Luego hornee por otros 20 minutos a 180 ° C.

PAN DE Nueces

Porciones: 1

INGREDIENTES

- 250 g   Harina de espelta integral
- 250 g   Harina de espelta tipo 630
- 320 ml Suero de la leche
- 25 g   Mantequilla blanda
- 100 gramos   Nueces picadas
- 21 g   Levadura fresca
- 1 cucharada   cariño
- ½ cucharaditasal

PREPARACIÓN

Mezcle las harinas en un bol. Caliente el suero de leche con la miel un poco, luego disuelva la levadura en él. Poner sal, mantequilla y suero de leche con levadura en el bol de harina y amasar con el gancho amasador durante unos minutos, en los últimos minutos añadir las nueces. No amases la masa por mucho tiempo, ya que a la espelta no le gusta eso. Cubra la masa en un bol en un lugar cálido y déjela reposar durante aproximadamente 1 hora hasta que el volumen haya aumentado visiblemente.

Saca la masa del bol y dale forma a cualquier hogaza. Cubra y deje crecer nuevamente durante 25 minutos en una bandeja para hornear preparada.

Mientras tanto, precaliente el horno a 200 ° C de temperatura superior / inferior.

Rocíe la hogaza de pan con agua y colóquela en el horno precalentado. Hornea por 15 minutos. Luego reduzca la temperatura a 180 ° C y hornee por otros 40 minutos.

Deje enfriar.

PAN VEGANO SIN GLUTEN

Porciones: 1

INGREDIENTES

- 3 cucharadas, amontonadas   Cáscaras de psyllium
- 3 cucharadas   Harina de linaza
- 150 g   Harina de teff
- 75 g   Harina de trigo sarraceno
- 75 g   Harina de mijo
- 1 cucharadita   Bicarbonato de sodio
- ½ cucharadita, trabajada   sal
- Mezcla de especias para pan, opcional
- norte. B.   Pipas de girasol, pipas de calabaza, nueces, opcional
- 450 ml agua

PREPARACIÓN

Deje que las cáscaras de psyllium y la harina de linaza se remojen en agua durante aproximadamente una hora.

Después de una hora, agregue los ingredientes restantes y amase hasta obtener una masa suave con la batidora o el procesador de alimentos con accesorio para amasar. La masa se pega, por lo que no es tan bueno amasar a mano.

Luego moja tus manos un poco con aceite y da forma a la masa en forma de pan o baguette.

Haz varios cortes en el cuerpo con el cuchillo.

Precaliente el horno a 160 ° C de temperatura superior / inferior.

Coloque el pan en una bandeja para hornear forrada con papel de hornear y hornee en la rejilla del medio durante aproximadamente 1 hora. Use una brocheta de madera para verificar si la masa está bien cocida. De lo contrario, hornee por otros 10-20 minutos.

Asegúrate de dejar que el pan se enfríe.

PAN DE COCOTTE

Porciones: 1

INGREDIENTES

- 400 g Harina
- 1 ¼ cucharadita   sal marina
- ½ cucharadita Levadura fresca
- 3 dl   agua
- Harina, para la superficie de trabajo
- Harina de maíz, harina o salvado, para espolvorear

PREPARACIÓN

Mezcle la harina, la sal, la levadura y el agua en un tazón solo hasta que la masa húmeda y firme se pegue, ¡no amasar! Tapar y dejar reposar a temperatura ambiente durante 12 a 18 horas hasta que la masa haya doblado su volumen y la superficie esté llena de burbujas.

Coloque la masa con el cono de masa sobre una superficie de trabajo enharinada y doble cuatro veces: Con las manos enharinadas, primero doble los bordes superior, luego inferior, izquierdo y derecho de la masa en el medio. Dale forma rápidamente a la masa en forma redonda y colócala sobre un paño de lino enharinado. Espolvorea con harina de maíz, harina o salvado. Cubra sin apretar con los extremos de la toalla. Deje reposar a temperatura ambiente durante 1 a 2 horas.

Coloque una cacerola de hierro fundido de 4 litros y la tapa en una bandeja en el tercio inferior del horno, precaliente a 240 grados. Desatornille los botones de plástico de la tapa de antemano y selle el orificio con papel de aluminio.

Saca la olla del horno, quita la tapa. Ponga el pan boca abajo en la olla caliente con el paño. Cubrir rápidamente con la tapa caliente y meter al horno. Hornea por 30 minutos. Retire la tapa, hornee el pan durante otros 15 a 30 minutos. Sacar, sacar el pan de la olla, dejar enfriar sobre una rejilla.

Necesita tiempo y paciencia para este tipo de preparación. Pero ninguna otra receta utiliza la olla de hierro fundido con tanta intensidad como esta forma inusual de hornear pan. Y el resultado es asombroso: así debe ser el pan, con una corteza que canta (cruje) de forma audible cuando se quita y se enfría.

PAN SIN GRANO Y SIN HUEVO

INGREDIENTES

- 1 taza   Cáscaras de psyllium
- 1 taza   Almendra molida
- 1 taza   Semillas de girasol
- ½ taza linaza
- ½ taza sésamo
- ¼ de taza   Nueces, enteras
- ¼ de taza   Semillas de calabaza
- 2 cucharadas   semillas de chia
- 350 ml agua
- 3 cucharadas   petróleo
- 1 pizca (s)   sal
- norte. B.   Mezcla de especias para pan

PREPARACIÓN

Una taza corresponde a una taza de café normal con unos 200 ml.

Mezclar los ingredientes secos. Agregue agua, aceite y especias y revuelva bien. Ponga la masa en un molde para pan forrado con papel de horno y déjela en remojo durante 2 horas.

Luego hornee a 180 ° C (calor superior / inferior precalentado) durante 20 minutos. Retirar el pan del molde y hornear durante otros 40 minutos (sin el molde).

Deja enfriar y disfruta.

El pan está bastante húmedo. Por tanto, conviene consumirlo rápidamente. Es mejor guardar en el refrigerador o congelar en porciones ya que se echa a perder rápidamente.

Las semillas enteras con el agua crean una masa compacta que no necesita huevo para unirse y que hace que la digestión funcione correctamente. Hay que tener en cuenta que el pan es "sólo" un sustituto del grano.

Cualquiera que espere no notar ninguna diferencia con el pan "normal" se sentirá decepcionado. Como alternativa para quienes se abstienen de cereales, definitivamente se recomienda.

PAN CON PESTO, TOMATES SECOS Y PARMESANO

INGREDIENTES

- 450 g Harina
- 1 cucharadita, nivelada   Bicarbonato de sodio
- ½ cucharadita sal
- 110 g   Tomate (s), en escabeche, secos
- 2 cucharadas   Pesto, (pesto de albahaca)
- 50 gramos   Parmesano rallado
- 350 ml Suero de la leche
- Aceite de oliva para engrasar

PREPARACIÓN

Precalentar el horno a 170 ° C. Engrasar ligeramente una bandeja para hornear plana y espolvorear un poco de harina por encima.

Tamizar la harina y el bicarbonato de sodio en un bol, agregar la sal y los tomates picados y mezclar.

Haga un hueco en el medio de la harina y vierta el suero de leche. Mezclar con una cuchara para formar una masa suave. Sobre una superficie enharinada a un cuadrado de unos 23 cm. Estirar el diámetro.

Unte el pesto encima y espolvoree el parmesano encima. Luego enrolle como un rollo suizo y colóquelo con cuidado en la bandeja para hornear. Espolvorea un poco de harina.

Hornee durante 35-40 minutos, hasta que el pan suene hueco cuando golpee la parte inferior.

PAN GRANDE CON LEVADURA

Porciones: 1

INGREDIENTES

- 1 kilogramo Harina
- 1 cubo Levadura, fresca, 42 g
- 500 ml agua
- 2 cucharadas de té sal
- 1 cucharadita azúcar

PREPARACIÓN

Precalienta el horno a 50 grados. Coloque una tabla de madera en la bandeja en el riel del medio.

Pon la harina en un tazón grande para mezclar. Puede utilizar harina de trigo para un pan blanco o diferentes tipos de harina, p. Ej. B. Mezcle 500 g de harina de centeno + 500 g de harina de trigo. También puede agregar 1/3 de molido o agregar 5 cucharaditas de especias para pan. Puede ser de 1 kg en total. Agrega el azúcar y la sal.

Calentar lentamente 500 ml de líquido en una cacerola pequeña y disolver en él la levadura. También puede usar suero de leche o media agua y suero de leche.

Equipa la batidora con ganchos para masa. Vierta el contenido de la olla en la harina y trabaje hasta obtener una masa suave durante unos 5 minutos con el gancho para masa. Si la masa está demasiado seca, agregue un poco de agua tibia si es necesario. Si la masa está demasiado pegajosa, amasar con un poco de harina.

Cubre el recipiente con un paño de cocina. Apague el horno y coloque el bol sobre la tabla de madera en el horno. Deje reposar durante 45 a 60 minutos.

Saque el bol del horno y amase bien la masa sobre una superficie de trabajo enharinada con las manos o con una batidora con gancho para masa. Si lo desea, puede utilizar núcleos como B. Amasar en semillas de girasol. Forma un pan con la masa y deja reposar durante 15 minutos en la superficie de trabajo.

Precaliente el horno a 175 grados en circulación de aire. Coloque un recipiente con agua resistente al horno en el fondo del horno. Unte el pan con agua o leche y hornee en el horno durante 45 minutos.

PAN DE TRIGO CON SEMILLAS DE CHIA

Porciones: 1

INGREDIENTES

- 475 g   Harina de espelta tipo 630
- 175 gramos   Harina de trigo sarraceno (grano entero)
- 450 ml Agua tibia
- 20 g   Levadura fresca
- 35 g   semillas de chia
- 30 g   Semillas de girasol
- 1 cucharada   Mezcla de especias para pan
- ½ cucharadita Carvi
- 15 g   sal

PREPARACIÓN

Pon ambos tipos de harina en un bol. Vierta el agua tibia encima, mezcle un poco la levadura fresca con el agua y deje reposar durante 10 minutos. Luego agregue los ingredientes restantes y amase todo hasta obtener una masa suave. Luego déjelo crecer tapado durante 45 minutos.

Amasar la masa nuevamente. Vierta en un molde para pan engrasado y deje reposar por otros 30 minutos.

Precaliente el horno a 220 ° C de temperatura superior / inferior. Coloque un plato a prueba de fuego con agua en el fondo del horno.

Hornea el pan durante 10 minutos a 220 ° C, baja la temperatura a 180 ° C y hornea por otros 30 minutos.

Después de descansar 10 minutos, saca el pan de la sartén y deja que se enfríe por completo.

PAN tardío

Porciones: 1

INGREDIENTES

- 300 g Harina
- 150 ml agua
- 1 cucharadita de levadura seca
- 1 cucharadita de azucar
- 1 cucharadita de sal

PREPARACIÓN

Una receta para todos los que quieren pan recién horneado por la mañana pero no quieren levantarse tan temprano como un panadero. El verdadero truco está en la preparación en la sartén en lugar de en el horno. Es suficiente para 2 personas.

Prepare una masa de levadura húmeda con los ingredientes de la noche anterior. Todavía puede pegar algo. (También son posibles otros tipos de masa, por ejemplo con quark o masa madre).

una sartén grande con aceite o mantequilla. Luego ponga la masa en la sartén. Ponga la tapa y déjela reposar durante la noche.

Por la mañana, la masa ha subido vigorosamente y ahora cubre el fondo de la sartén a una altura de aprox. 1-2 cm. Con la tapa cerrada (!), Cocine el pan en la llama / placa calefactora más grande a fuego lento durante 10 minutos (hasta 15 minutos dependiendo de la estufa y la configuración) hasta que la parte inferior esté dorada y la superficie se haya solidificado. Luego voltee el pan y cocine por otros 5 minutos sin la tapa (!) Del otro lado.

Si enciendes el pan después de levantarte, puedes darle la vuelta después de cepillarte los dientes y ¡tu café estará listo a tiempo!

PAN DE KEFIR CON DELETE

Porciones: 2

INGREDIENTES

500 g   Harina de espelta

250 g   Harina de centeno, tipo 1150

250 g   Harina de trigo, tipo 550

3 pq.   Levadura seca

35 g   sal

1 cucharadita   azúcar

700 ml kéfir

150 ml agua

80 g   linaza

80 g   sésamo

40 g   Semillas de girasol

PREPARACIÓN

Calentar el kéfir y el agua en el microondas durante un minuto a 800 vatios. Mezclar la harina, los cereales, la levadura, la sal y el azúcar con una cuchara, luego añadir el agua de kéfir y amasar todo en el robot de cocina durante 10 minutos.

Deje subir hasta que el volumen se haya duplicado. Luego dale forma a 2 bolas y colócalas en 2 cestas de fermentación. Deje reposar durante otros 45 minutos y luego colóquelo en una bandeja para hornear. Hornee a 200 ° C de temperatura superior / inferior durante 45 minutos. Para empezar, vierta media taza de agua en el fondo del horno y cocine al vapor.

Pan de nueces deletreado

Porciones: 1

INGREDIENTES

- 150 g   Avellanas
- 42 g   levadura
- 500 ml Agua tibia
- 500 g   Harina de espelta integral
- 1 cucharada.   sal
- 2 cucharadas   Vinagre de sidra de manzana
- Grasa y harina para el molde

PREPARACIÓN

Precalentar el horno a 225 ° C. Engrasar un molde para pan de 25 cm de largo y espolvorear con harina. Picar las avellanas en trozos grandes. Desmenuza la levadura en un bol. Vierta ½ l de agua tibia y disuelva la levadura en el agua mientras revuelve.

Mezcle la harina y la sal en un bol. Agrega el agua de levadura, el vinagre y las nueces picadas y amasa con el gancho para masa de la batidora de mano. Continúe amasando durante unos 3 minutos hasta que tenga una masa uniforme y más fluida. Vierta inmediatamente la masa en la sartén preparada.

Hornee en el horno en la rejilla del medio durante 35 minutos. Apague el horno y deje reposar el pan en el horno durante unos 5 minutos, luego retírelo. Retirar del borde del molde con un cuchillo, caer del molde y dejar enfriar.

PAN DE JAMÓN Y QUESO

Porciones: 1

INGREDIENTES

- 2 tazas / n de harina
- 1 taza   Leche
- 1 paquete   Levadura en polvo
- 100 gramos   Jamón cortado en cubitos
- 200 g   Queso rallado
- 1 cucharadita   Caldo, granos
- Grasa para la forma

PREPARACIÓN

La harina se mezcla con levadura en polvo y caldo y luego se convierte en una masa pegajosa con la leche. El queso y el jamón están doblados.

Ahora se coloca la masa en un molde para pan engrasado y se hornea en el horno a 150 ° C durante 35 minutos.

EL PAN MÁS SENCILLO

Porciones: 1

INGREDIENTES

- 1 pieza (s) pequeña (s) de levadura, del tamaño de una nuez pequeña
- 600 ml agua
- 660 g Harina, p. Ej. B. Harina de trigo integral o espelta o mixta; o parcialmente integral, parcialmente molido
- 120 g Harina de trigo sarraceno, linaza o avena, sola o mezclada
- 30 g sésamo
- 50 gramos Semillas de girasol
- 3 cucharaditas, tejer. sal
- ½ cucharadita cilantro
- Grasa para la forma
- Semillas de sésamo para el moho

PREPARACIÓN

Disuelva la levadura en el agua y luego agregue todos los ingredientes al agua de levadura. ¡Usa un tazón grande para esto! Revuelva con una cuchara de madera u otra cuchara grande hasta que todo esté mezclado.

Coloque el recipiente en una bolsa de plástico y déjelo reposar durante la noche (unas 10 horas, siempre es posible más).

A la mañana siguiente, engrase un molde para pan y espolvoree el fondo y los lados con semillas de sésamo. Poner la masa directamente en el molde sin amasar, alisarla y espolvorear con agua. Cortar transversalmente y dejar levar de nuevo hasta que el horno se haya calentado hasta 250 ° C por convección.

Una vez alcanzada la temperatura, desliza el pan hacia adentro y reduce la temperatura a 200 ° C. Hornea de 45 a 50 minutos.

Después de hornear, espolvorear nuevamente el pan con agua, esto le da una agradable corteza. También es recomendable colocar una fuente refractaria llena de agua en el horno mientras se hornea.

PAN SIN AMASAR

Porciones: 1

INGREDIENTES

- 3 taza / n   Harina
- 1 ½ taza / n   agua
- ½ cucharadita Levadura seca
- 1 ½ cucharadita   sal
- Harina, para procesar

PREPARACIÓN

Mezcle la harina, la levadura y la sal en un bol. Agrega agua. Mezclar todo junto hasta que se forme una masa / masa pegajosa. Esto tarda entre 15 y 20 segundos. ¡No amasar!

Cubra el recipiente con una toalla o envoltura de plástico y déjelo reposar durante aproximadamente 18 horas. Luego coloque la masa sobre una superficie de trabajo enharinada.

Enharine sus manos un poco y aplanar suavemente la masa sobre la superficie de trabajo para que quede más o menos rectangular, plana. Dobla la masa una vez a lo ancho y una vez a lo largo. Luego volvemos a tapar la masa con la toalla y dejamos reposar durante 15 minutos.

Ahora espolvoree otra toalla o una canasta con harina o salvado. Esto debe hacerse con bastante generosidad para que la masa no se pegue. Ahora dé forma aproximadamente a la masa en forma redonda y colóquela sobre la toalla o en la canasta para caminar, espolvoree nuevamente con harina, cubra con otra toalla y deje reposar durante otras 2 horas.

Precaliente el horno a 250-260 grados.

El pan adquiere su mejor corteza y forma cuando se hornea en una olla de hierro fundido o esmaltada.

Precalienta la olla en el horno. Coloque la masa de la toalla o la canasta en la olla caliente y cierre la tapa. Hornee durante 30 minutos con la tapa cerrada. Luego retire la tapa, reduzca la temperatura a 220-230 ° y hornee por otros 15 minutos.

Saque el pan del horno y déjelo enfriar.

AYRAN - PAN

Porciones: 1

INGREDIENTES

- 400 g Harina
- 250 ml Ayran o suero de leche
- 1 cucharadita colmada   sal
- 1 pizca (s)   azúcar
- Ajonjolí, negro, para espolvorear
- 1 paquete   Levadura seca

PREPARACIÓN

Mezclar la harina con la levadura seca, el azúcar y la sal. Luego agrega el Ayran y mezcla hasta que se forme una buena masa de levadura. Forme una barra de pan con la masa y espolvoree con semillas de sésamo negro. Coloque en una bandeja para hornear preparada.

Hornee en un horno precalentado a 200 ° C de temperatura superior / inferior durante unos 35 minutos.

PAN DE CEBOLLA Y HIERBAS ESTILO FIEFHUSEN

Porciones: 1

INGREDIENTES

Para la masa:

- 350 g   Harina de trigo estándar
- 1 bolsa Levadura seca (para 500 g de harina)
- 250 ml Agua tibia
- 1 cucharadita de azucar
- ¼ de cucharadita   sal
- 1 cucharada   Hierbas de la Provenza, secas y picadas
- 4 cucharadas   cebollas asadas
- 2 pizcas de pimienta negra molida
- 3 cucharadas   Aceite de oliva virgen prensado en frío

También:

- Huevo (s), batidos para cepillar
- norte. B. Sal marina, gruesa, para espolvorear
- norte. B. Comino negro, para espolvorear
- Sésamo, entero

PREPARACIÓN

Derivé la receta de una masa de pizza que también utilizo para mi pizza de verduras. El pan es 100% exitoso, a menos que realmente olvide un ingrediente elemental o una operación.

La harina se vierte en un tazón grande y se hace un hueco en el medio. Ahora pon la sal, las hierbas, las cebollas fritas y el pimiento en este hueco. Mientras tanto, el azúcar se disuelve en el agua tibia. Ahora agregue la levadura seca. Incluso si la bolsa de levadura dice algo más ("No es necesario mezclar"), no omita este paso. Hace que el pan sea particularmente "esponjoso". Tan pronto como la mezcla de agua, azúcar y levadura muestre una clara formación de burbujas, viértala en el pozo de la harina. Ahora amase bien la masa con la batidora con gancho para masa hasta que se vea uniforme y se separe claramente del borde del bol. Ahora vierte el aceite de oliva por encima y vuelve a amasar bien.

Ahora cubra el bol con un paño y déjelo reposar en un lugar cálido durante media hora.

Tan pronto como la masa haya subido bien, primero espolvorear un poco de harina desde arriba (luego se puede manipular más fácilmente) y sacarla del fondo del bol con un raspador y colocarla sobre la encimera y también harina por la parte de abajo. Forme una barra de pan con la masa y colóquela en una bandeja para hornear forrada con papel de hornear. La masa debe tener aproximadamente 3/4 del ancho de la bandeja para hornear y aproximadamente 5 cm de alto. El ancho resulta entonces automáticamente. Ahora use una brocha de repostería para untar completamente la barra de pan con el huevo batido. Siempre agrego un poco de comino negro y semillas de sésamo y sal marina gruesa al huevo fresco como decoración.

Pero no hay límite para la imaginación: semillas de hinojo, comino, alcaravea, semillas de amapola, pimiento grueso ... como dije, no hay límites para el gusto personal.

Después de adornar, cubra la bandeja para hornear con la barra de pan nuevamente con un paño de cocina y deje reposar por otros 10 minutos. Mientras tanto, precaliente el horno a 200 grados.

Ahora hornee el pan a 200 grados durante 40 minutos. Revise el pan de vez en cuando después de media hora. Si ya está un poco demasiado dorado desde arriba, protéjalo desde arriba con papel de aluminio. Pasados los 40 minutos, apaga el horno y deja reposar el pan en el horno que se enfría lentamente durante 10 minutos. Terminado.

SWEETYS PAN DE CHIA CON ZANAHORIAS

Porciones: 1

INGREDIENTES

- 500 g   harina de trigo
- 500 g   harina de centeno
- 1 paquete   Levadura seca
- 300 g   Zanahoria
- 50 ml   aceite de oliva
- 15 g   sal
- 1 cucharadita   Mezcla de especias para pan
- 6 cucharadas   semillas de chia
- 700 ml agua

PREPARACIÓN

Precaliente el horno a 200 ° C de aire asistido. Pelar las zanahorias y rallarlas en tiras finas.

Amasar una masa de levadura con los ingredientes especificados y tapar y dejar reposar en un lugar cálido durante 1 hora.

A continuación, vuelva a amasar la masa brevemente, ponga la mitad de la masa en un molde para pan y hornee el pan durante 1 hora, luego ponga la otra mitad de la masa en el molde y hornee también durante 1 hora.

PAN DE REMOLACHA CON HIERBAS FRESCAS

Porciones: 1

INGREDIENTES

- 250 g   Harina de espelta
- 10 g de levadura fresca
- 0,33 cucharadita   cariño
- 175 ml Agua tibia
- 50 g de pipas de girasol
- 10 g de semillas de chía, posiblemente
- Remolacha, pelada, aprox. 70 - 100 g
- 1 cucharada   Vinagre de frutas
- 1 cucharadita de sal
- 1 puñado de hierbas frescas de tu elección

PREPARACIÓN

Mezclar la levadura con la miel, luego se volverá líquida. Pon los ingredientes secos en un bol y mezcla. Pelar y rallar la remolacha, lavar y picar finamente las hierbas (yo usé cebollino, romero, perejil, tomillo y salvia).

Agrega la levadura líquida, el agua tibia y el vinagre a los ingredientes secos y amasa bien, idealmente con el gancho amasador de la batidora de mano. Finalmente amasar la remolacha y las hierbas.

Forre un molde para pan pequeño con papel de hornear y vierta la masa pegajosa en él. Poner en el horno frío y hornear a 200 ° C (calor superior / inferior) durante aproximadamente 1 hora.

La receta está realmente diseñada para un pan muy pequeño y un molde para pan pequeño: el pan fresco sabe mejor y, por lo tanto, también es adecuado para mini hornos y hogares unipersonales. Las cantidades se pueden duplicar fácilmente para un molde para pan normal.

PAN BAJO EN SAL HORNEADO EN UNA MÁQUINA DE HORNEADO

Porciones: 1

INGREDIENTES

- 330 ml Agua tibia
- 1 pizca sal
- 1 pizca azúcar
- 1 cucharada petróleo
- 1 chorrito Vinagre balsámico
- 250 g de harina de trigo tipo 405
- 250 g de harina de trigo integral, trigo, centeno, espelta o similares
- 5 g de levadura seca

PREPARACIÓN

Coloque todos los ingredientes en la máquina para hornear en el orden que se muestra. Colocación en el BBA: grano integral. Eso me lleva unas 3,40 horas.

Tanto para el aceite como para la harina, siempre uso lo que esté allí. Pero es importante que la mitad de la harina, es decir, 250 g, esté constituida por cereales integrales. Cuando uso harina de centeno, uso un poco más de agua, de lo contrario el pan se secará mucho.

CONCLUSIÓN

La dieta del pan generalmente se considera adecuada para el uso diario. Porque no hay cambios importantes que hacer. Sin embargo, se deben cumplir las 5 comidas diarias para que se pueda poner en marcha la quema de grasa. Por lo tanto, el pronóstico de la resistencia también es bastante bueno. La dieta del pan se puede llevar a cabo durante varias semanas sin dudarlo. La necesidad de contar calorías requiere una planificación cuidadosa de las comidas. Sin embargo, la dieta del pan no es unilateral, aunque solo sea por el hecho de que el almuerzo se come normalmente. La dieta del pan es solo para usuarios que pueden tomarse su tiempo para el desayuno y otras comidas. Porque la comida debe masticarse bien.

Que esta permitido, que esta prohibido

No está permitido untar el pan con mantequilla espesa durante la dieta del pan. Pero es mejor prescindir por completo de mantequilla o margarina. La cobertura tampoco debe ser demasiado espesa. Una rebanada de salchicha o queso por pan debe ser suficiente. Debe beber de 2 a 3 litros durante la dieta del pan, es decir, agua, té o zumos de frutas sin azúcar.

DEPORTE - ¿NECESARIO?

El ejercicio o el deporte regular no es el foco de una dieta de pan. Pero no es perjudicial hacer el deporte como antes.

Dietas similares

Al igual que en la dieta de la col, la col o en la dieta de jugos diferentes jugos, la dieta del pan se centra en la comida pan.

COSTE DE LA DIETA

No es necesario esperar costos adicionales a los que se gastan en las compras normales de alimentos con la dieta del pan. El pan integral cuesta un poco más que el pan de harina blanca. Pero las diferencias no son tan grandes. Tampoco es necesario comprar productos orgánicos por separado. Al igual que en el resto de compras, solo hay que prestar atención a la frescura de la mercancía.

LO PERMITIDO, LO PROHIBIDO

No está permitido untar el pan con mantequilla espesa durante la dieta del pan. Pero es mejor prescindir por completo de mantequilla o margarina. La cobertura tampoco debe ser demasiado espesa. Una rebanada de salchicha o queso por pan debe ser suficiente. Debe beber de 2 a 3 litros durante la dieta del pan, es decir, agua, té o zumos de frutas sin azúcar.

La duración recomendada de la dieta del pan es de cuatro semanas. Pero también es posible ampliarlo. Debería perder alrededor de dos libras por semana.

Las raciones diarias constan de cinco comidas. Estos también deben cumplirse para evitar la sensación de hambre.

Además, el organismo puede utilizar los valiosos nutrientes de manera óptima de esta manera. También es importante beber mucho.

A través del suministro de alimentos equilibrados se puede realizar una dieta de pan, con el cierre calórico adecuado, incluso para toda la familia. Al mismo tiempo, también tiene la ventaja de que los trabajadores también pueden utilizarlo fácilmente; la mayoría de las comidas se pueden preparar y luego llevar.

Si se hace de manera constante, se puede lograr una pérdida de peso de 2-3 libras por semana. En última instancia, la dieta del pan tiene como objetivo un cambio en la dieta hacia las frutas y verduras y los carbohidratos saludables y lejos de la carne y la grasa. La gran cantidad de fibra conduce a una sensación de saciedad duradera.